BEI GRIN MACHT SICH IHR WISSEN BEZAHLT

AF145107

- Wir veröffentlichen Ihre Hausarbeit,
  Bachelor- und Masterarbeit

- Ihr eigenes eBook und Buch -
  weltweit in allen wichtigen Shops

- Verdienen Sie an jedem Verkauf

Jetzt bei www.GRIN.com hochladen und kostenlos publizieren

Alexander Schwalm

Produktion und Logistik. Formeln & Grundbegriffe zur Prüfungsvorbereitung

GRIN Verlag

Bibliografische Information der Deutschen Nationalbibliothek:

Die Deutsche Bibliothek verzeichnet diese Publikation in der Deutschen National-
bibliografie; detaillierte bibliografische Daten sind im Internet über http://dnb.d-
nb.de/ abrufbar.

Impressum:

Copyright © 2015 GRIN Verlag GmbH
Druck und Bindung: Books on Demand GmbH, Norderstedt Germany
ISBN: 978-3-656-90481-6

Dieses Buch bei GRIN:

http://www.grin.com/de/e-book/293079/produktion-und-logistik-formeln-grundbe-
griffe-zur-pruefungsvorbereitung

Grundbegriffe:

<u>Supply Chain</u> = Lieferkette

Beschaffung → Produktion → Distribution → Absatz

Güterfluss nur in diese eine Richtung, aber Informationsfluss in alle Richtungen

<u>Arten von Produktionssystemen:</u>

1. **Funktionsprinzip**
   - Werkstattfertigung

2. **Objektprinzip**
   - Reihenproduktion
   - Fließproduktion
   - Inselproduktion
   - Transferstraßen etc.

3. **Baustellenproduktion** (gehört weder zu Objekt- noch zu Funktionsprinzip)

<u>Master Planning</u> = Produktionsprogrammplanung, verbrauchsorientierte Planung (mittlefristig, Planungshorizont ca. 1 Jahr), gesucht wird die ideale Produktionsmenge die zu einem maximalen Deckungsbeitrag führt.

<u>Material Requirements Planning</u> = Materialbedarfsplanung, bedarfsorientierte Planung (mittelfristig)

<u>Dispositionsstufe</u> = Fertigungsstruktur. Länge des Weges von einem bestimmten (Zwischen-) produkt bis zum Endprodukt.
Dispositionsstruktur = Kaufmännische Sicht
Fertigungsstruktur = Ingenieurssicht

<u>Losgrößenbildung:</u>

- **Große Losgrößen** = weniger Umrüstzeit und Umrüstkosten, aber längere Lieferzeiten und Läger sind notwendig
- **Just in Time** = Direktlieferung, kurze Lieferzeit, keine Läger notwendig, aber höhere Umrüstkosten und Umrüstzeit

<u>Ablaufplanung</u> = Maschinenbelegungsplanung (kurzfristig)

- **Exakte Verfahren:** liefern optimale Lösung, z.B. Simplex

- **Heuristische Verfahren:** liefern eine gute aber nicht optimale Lösung, z.B. Konstruktionsverfahren, Suchverfahren

<u>Transportplanung</u> untergliedert sich in 3 logistische Problemstellungen:

- Traveling Salesman-Problem (TSP) → Reihenfolge der Orte (Knoten) in einer Tour
- Chinese Postman-Problem (CPP) → Reihenfolge der Straßen (Kanten) in einer Tour
- Vehicle Routing Problem (VRP) → Tourenplanung

Standortplanung:

<u>Kontinuierlich:</u> (Green Field), Jeder Ort als idealer Standort möglich → echte Optimierung, einheitliche Fixkosten

<u>Diskret:</u> Vorauswahl bestimmter Standorte → keine perfekte mathematische Optimierung des Standorts, standortspezifische Fixkosten

<u>Steiner – Weber – Problem (Ermittlung des idealen, kostenminimalen Standorts):</u>

Gegebene **Standorte** j = (1, 2, 3,4…… J)

Gegebene **Transportmengen (Bedarfe)** für jeden dieser Standorte r_j

Koordinaten der gegebenen **Standorte** (a_j, b_j)

Gesucht sind die neuen kostenminimalen Koordinaten eines neuen Standorts, bspw. für ein Zentrallager (x, y)

→ Zielfunktion: min Kosten C (x, y) = $\sum_{j=1}^{J} \sqrt{(x-a_j)^2 + (y-b_j)^2} * r_j * c$

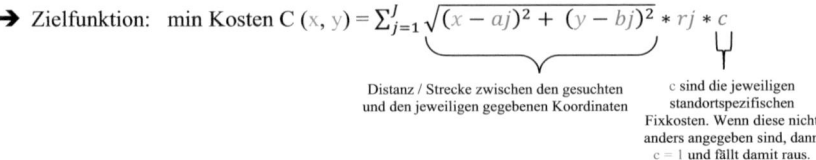

Distanz / Strecke zwischen den gesuchten und den jeweiligen gegebenen Koordinaten

c sind die jeweiligen standortspezifischen Fixkosten. Wenn diese nicht anders angegeben sind, dann c = 1 und fällt damit raus.

→ Die minimale Kostenfunktion besteht also aus der Summe aller Distanzen der jeweiligen gegebenen Standorte zum gesuchten Standort multipliziert mit dem jeweiligen Bedarf des gegebenen Standorts und eventuell multipliziert mit den jeweiligen standortspezifischen Fixkosten.

<u>Verfahren von Miehle</u>

- Alle Variablen entsprechen denen beim Steiner – Weber – Problem
- Zunächst werden die Koordinaten (x_{Start}, y_{Start}) beliebig gewählt oder sie sind als Startkoordinaten für die erste Iteration angegeben

- START: Nun werden die Distanzen d_j zwischen (x_{Start}, y_{Start}) und jedem gegebenen Standort (a_j, b_j) wie folgt berechnet: $d_j = \sqrt{(xStart - aj)^2 + (yStart - bj)^2}$
- Jetzt kann mittels der ersten Iteration eine Annäherung an die idealen, gesuchten Koordinaten erfolgen, wobei diese sich über folgende Formeln berechnen:

$$x = \frac{\sum_{j=1}^{J} (rj * \frac{aj}{dj})}{\sum_{j=1}^{J} (\frac{rj}{dj})} \qquad y = \frac{\sum_{j=1}^{J} (rj * \frac{bj}{dj})}{\sum_{j=1}^{J} (\frac{rj}{dj})}$$

- Sind die ermittelten Koordinaten (x, y) nun genau genug, das heißt ihre Distanz von den alten Startkoordinaten ist kleiner als die Genauigkeit ε so wird abgebrochen und die idealen Koordinaten sind gefunden.
  Es muss also gelten: $(x - xStart)^2 + (y - yStart)^2 < \varepsilon$
  (ε als Abbruchkriterium muss gegeben sein)
- Sind die ermittelten Koordinaten (x, y) noch nicht genau genug so werden diese als neue Startkoordinaten (x_{Start}, y_{Start}) verwendet und die nächste Iteration beginnt (START).

ACHTUNG: Sowohl beim Steiner – Weber – Problem als auch beim Verfahren von Miehle gilt: Die Bedarfe / Transportmengen r_j entsprechen den tatsächlichen und rationalsten Transportwegen! Das heißt, ist ein Produktionsstandort gegeben, so drückt dessen angegebener Bedarf $r_{Produktionsstandort}$ nur die Menge aus welche an diesem Standort verbleibt. Die restlichen produzierten Einheiten gehen dann ins Zentrallager und entsprechen dem realen Transportweg mit welchem für den Produktionsstandort weitergerechnet wird! Ansonsten würden alle produzierten Einheiten zuerst ins Zentrallager geschickt und von dort aus der Bedarf des Produktionsstandortes wieder an diesen zurückgeschickt werden (irrational!).

Warteschlangen-Modelle (WS-Modelle):

λ = Anzahl ankommender Aufträge / Kunden   Einheit: $\frac{Aufträge\ bzw.\ Kunden}{Zeiteinheit}$

μ = Bearbeitungsrate, Bedienrate   Einheit: $\frac{Aufträge\ bzw.\ Kunden}{Zeiteinheit}$

Zustandsgraph im M|M|1 Modell (System mit 1 Station an der Aufträge abgearbeitet werden):

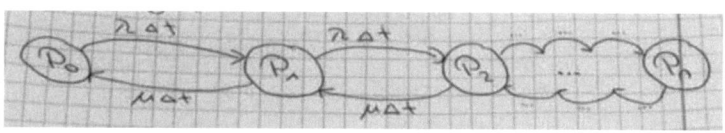

P_0 = Kein Auftrag im System

P_1 = Ein Auftrag im System (usw. bis P_n = n Aufträge im System)

$\lambda\Delta t$ = ein Auftrag kommt im System hinzu

μΔt = ein Auftrag ist fertig bearbeitet und verlässt das System

(1 - λΔt) = kein neuer Auftrag kommt hinzu

(1 - μΔt) = kein Auftrag ist fertig / keiner verlässt das System

Hieraus ergeben sich diverse Möglichkeiten bestimmte Zustände P_n im System auszudrücken,
z.B.: $P_0 = P_0 * λΔt * μΔt + P_0 * (1 - λΔt) + P_1 * (1 - λΔt) * μΔt$
oder $P_1 = P_0 * λΔt * (1 - μΔt) + P_1 * λΔt * μΔt + P_2 * (1-λΔt) * μΔt + P_1 * (1-λΔt) * (1-μΔt)$

Durchschnittl. Bearbeitungsdauer/-zeit: $\dfrac{1}{Bedienrate\ μ}$ Einheit: $\dfrac{Zeiteinheit}{Aufträge\ bzw.\ Kunden}$

Auslastung ρ: $ρ = \dfrac{λ}{μ} = \dfrac{Ankommende\ Aufträge}{Bedienrate}$

Wahrscheinlichkeit P_i für eine bestimmte Anzahl an Aufträgen im System:

$P_0 = 1 - ρ = 1 - \dfrac{λ}{μ}$

$P_n = P_0 * ρ^n = (1 - ρ) * \left(\dfrac{λ}{μ}\right)^n$

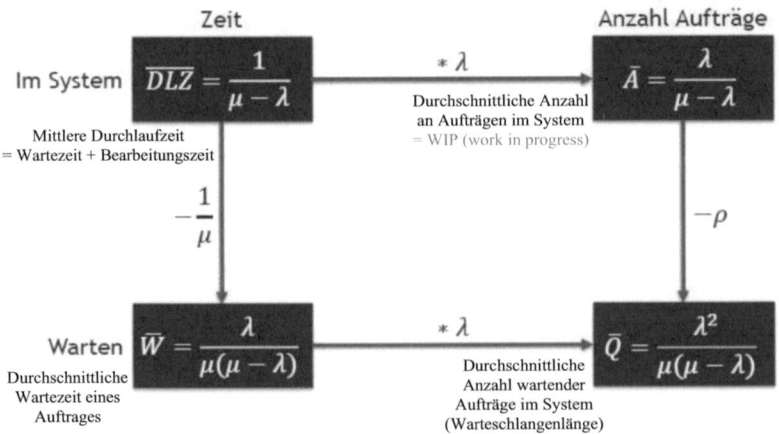

Produktionsprogrammplanung:

1) Angabe durchlesen und alle nötigen Daten sammeln!
   Gut 1 = x_1
   Gut 2 = x_2

   Es muss bekannt sein wie viel Gewinn die Firma für eine Einheit jeden verkauften Gutes erzielt und wie viele Einheiten jeden Gutes maximal verkauft werden können. Außerdem muss angegeben sein wie viel Kapazität jedes Gut auf einer Produktionsmaschine in Anspruch nimmt und was die maximale Kapazität der jeweiligen Maschine ist.

2) Gleichungen Aufstellen!
   Zielfunktion (Der Gewinn beider Güter soll maximiert werden),
   Bsp.: $3x_1 + 5x_2$ = max

   Nebenbedingungen (Einschränkung in Bezug auf die Maschinenkapaziäten),
   Bsp. bei 3 Produktionsmaschinen:
   $3x_1 + 2x_2 = 18$
   $2x_1 + 4x_2 = 20$
   $3x_1 + 5x_2 = 30$

   Maximale Absatzmenge,
   Bsp.: $x_1 <= 5$, $x_2 <= 6$

   Nichtnegativitätsbedingung!
   $x_1, x_2 >= 0$

3) Gleichungen auflösen und Geraden in ein Koordinatensystem (x_1, x_2) einzeichnen!
   Zielfunktion nach x_2 auflösen: $x_2 = -\frac{3}{5}x_1$ → Gerade bei $x_2 = 3$, $x_1 = 5$
   Bei den Nebenbedingungen erst $x_2 = 0$ setzen und nach x_1 auflösen, dann $x_1 = 0$ setzen und nach x_2 auflösen.
   1. Gerade: bei $x_1 = 6$, $x_2 = 9$
   2. Gerade: bei $x_1 = 10$, $x_2 = 5$
   3. Gerade: bei $x_1 = 10$, $x_2 = 6$
   Maximale Absatzmengen:
   Vertikale Gerade bei $x_1 = 5$
   Horizontale Gerade bei $x_2 = 6$
   Nichtnegativitätsbedingung → Die Lösung befindet sich innerhalb des positiven Bereichs des Koordinatensystems

4) Ermittlung der Lösung für die ideale Produktionsmenge!
   Unter der Restriktion aller eingezeichneten Geraden ergibt sich im Koordinatensystem ein Zielbereich. Nun wird die Zielfunktion soweit parallel nach rechts oben verschoben, bis sie den letztmöglichen Punkt des Zielbereiches noch berührt. Die Koordinaten dieses Punktes stehen nun für die ideale (deckungsbeitragsmaximale) Produktionsmenge der beiden Güter. Im Bsp.: $x_1 = 4$, $x_2 = 3$ → Es sollten also 4 Einheiten von Gut 1 und 3 Einheiten von Gut 2 produziert werden!

Berechnung der Eckpunkte des Zielbereiches (zulässigen Bereiches):

Alle Gleichungen der Nebenbedingungen, maximalen Absatzmengen und der Nichtnegativitätsbedingung, die den Zielbereich tangieren müssen nach x_2 aufgelöst werden.

Bsp. Nebenbedingung 1: $x_2 = 9 - \frac{3}{2} x_1$

Bsp. Nebenbedingung 2: $x_2 = 5 - 0,5 \, x_1$

Anschließend werden jeweils 2 dieser Gleichungen gleichgesetzt und nach x_1 aufgelöst.

Bsp. Nebenbedingung 1 und 2: $9 - \frac{3}{2} x_1 = 5 - 0,5 \, x_1$ → $x_1 = 4$

Durch Einsetzen von $x_1 = 4$ in eine der beiden Gleichungen ergibt sich dann $x_2 = 3$.

Somit ist ein Eckpunkt des Zielbereiches gefunden bei (4, 3).

Führt man dieses Verfahren für alle Eckpunkte durch, so ergeben sich verschiedene Koordinaten. Diese können nun alle in die Zielfunktion eingesetzt werden, um die jeweiligen Gewinne zu ermitteln. Der höchste dieser Gewinne repräsentiert dabei wieder die ideale Produktionsmenge von Gut 1 und 2.

Im Bsp.: (4, 3) Einsetzen in Zielfunktion → $3 \cdot (x_1 = 4) + 5 \cdot (x_2 = 3) = 12 + 15 = \underline{27}$
→ Gewinn von 27 in diesem Eckpunkt muss mit den anderen Gewinnen verglichen und der Höchste gefunden werden. (Im Bsp. ist 27 bereits der höchste Gewinn und damit die ideale Produktionsmenge bei $x_1 = 4$ und $x_2 = 3$.)

Materialbedarfsplanung:

Baukastenstückliste:

Bsp.:
A: 2B, 3C
B: 4C
D: 5A, 2B

Bedeutet, dass für die Fertigung von einer Einheit A zwei Einheiten von B und drei von C benötigt werden. Für die Fertigung einer Einheit B werden 4 Einheiten von C benötigt. Für eine Einheit D werden 5 Einheiten von A und zwei von B benötigt. → D ist hier somit das Endprodukt, da es keinen Nachfolger mehr hat, also nirgendwo selbst zur Fertigung anderer Stücke benötigt wird.

Gozintograph:

Aus jeder Baukastenstückliste lässt sich ein Gozintograph zeichnen. Hier ist jedes Fertigungsstück vom Endprodukt (Dispositionsstufe 0) bis zum untersten Zwischenprodukt (Dispositionsstufe n) grafisch dargestellt. Mittels Pfeilen wird veranschaulicht wie viele

Einheiten jedes Fertigungsstückes für seine Nachfolger benötigt werden (Bedarfskoeffizienten).

Beispiel Baukastenstückliste:

A: 2E, 4K
D: 1A, 2B, 1E
B: 4E, 5G
F: 3B, 2C
K: 3M

Zugehöriger Gozintograph:

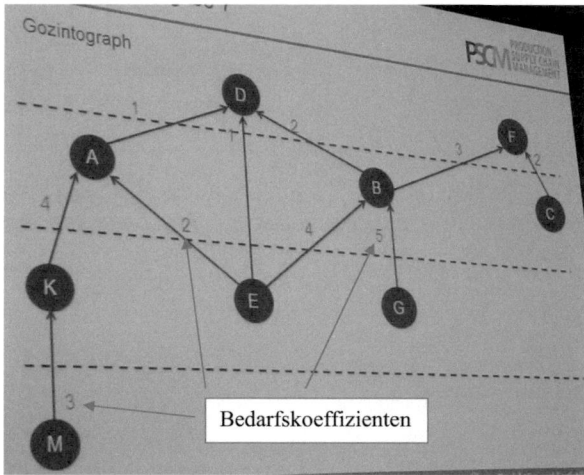

Dispositionsstufen:

0

1

2

3

Gesamtkoeffizient für E:
$1*2 + 2*4 + 1 = 11$ → 11 Einheiten von E werden für die Produktion von einer Einheit von D benötigt.
$3*4 = 12$ → 12 Einheiten von E werden für die Produktion von einer Einheit von F benötigt.
Insgesamt werden folglich $(11 + 12 = 23)$ Einheiten von E für die Fertigung von D und F benötigt.

Berechnung des Brutto und Nettobedarfes:

Gegeben:

- Ein Gozintograph mit allen Fertigungsstücken und den zugehörigen Bedarfskoeffizienten
- Die Primärbedarfe eines jeden Fertigungsstückes r_i
- Der vorhandene Bestand eines jeden Fertigungsstückes b_i

Gesucht:

- Bruttobedarf d_i
- Nettobedarf d_i^N

Lösungsvorgehen:

1. Erstellung einer Tabelle mit allen Fertigungsstücken geordnet nach ihren Dispositionsstufen von 0 oben bis n unten.
2. Eintragen des Primärbedarfes r_i und des Bestandes b_i für jedes Fertigungsstück.
3. Berechnung der Brutto- und Nettobedarfe mit Hilfe folgender Formeln:

Bruttobedarf d_i =
Primärbedarf r_i + Bedarfskoeffizient * Nettobedarf d_i^N von jedem direkten Nachfolger

Nettobedarf d_i^N =
Bruttobedarf d_i – Bestand b_i

4. Auf diese Weise wird die Tabelle von oben nach unten ausgefüllt. Bei den ersten Fertigungsstücken (Endprodukten) der Dispositionsstufe 0 entspricht der Primärbedarf dem Bruttobedarf ($r_i = d_i$), da es hier keine direkten Nachfolger gibt.

<u>EOQ Modell (Losgrößen):</u>

Suche nach der optimalen Bestell-/Produktionsmenge q(opt) und der optimalen Bestell-/ Produktionszeit t(opt).

<u>Benötigte Daten:</u>

d = Bedarf pro Zeiteinheit (immer auf die richtige Zeiteinheit achten! Tag, Woche, Jahr etc.)

p = Stückpreis

i = Kapitalbindungszinssatz

c = Lagerkostensatz = Kapitalbindungszinssatz i * Stückpreis p (Zinssatz ist meist für ein Jahr angegeben → Lagerkostensatz muss aber auch wieder auf die richtige Zeiteinheit umgerechnet werden! z.B. bei Woche geteilt durch 52)

F = Fixe Kosten pro Bestellung (Fremdbeschaffung) oder Rüstvorgang (Eigenproduktion)

x = Produktionsgeschwindigkeit bei Eigenproduktion (Wieder auf Zeiteinheit achten und richtig umrechnen, da Produktionsgeschwindigkeit meist nur in Stück **pro Stunde** angegeben ist)

q = bisherige Bestell-/Produktionsmenge

t = bisherige Bestell-/Produktionszykluszeit

$$\rightarrow q = t * d \quad \rightarrow \quad d = \frac{q}{t} \quad \rightarrow \quad t = \frac{q}{d}$$

$$\frac{F}{t} = \frac{F*d}{q}$$

<u>Bei Fremdbeschaffung / Bestellung:</u>

K = Gesamtkosten pro Zeiteinheit $= \frac{1}{2} * q * c + \frac{F}{t}$ Lagerkosten + Bestellkosten

optimale Bestellmenge q(opt) $= \sqrt{\dfrac{2*d*F}{c}}$

optimale Bestellzeit t(opt) $= \dfrac{q(opt)}{d}$ bzw. $\sqrt{\dfrac{2*F}{c*d}}$

<u>Bei Eigenproduktion:</u>

K = Gesamtkosten pro Zeiteinheit $= \frac{1}{2} * q * c * (1 - \frac{d}{x}) + \frac{F}{t}$

Lagerkosten + Produktionskosten

optimale Produktionsmenge q(opt) $= \sqrt{\dfrac{2*d*F}{c*(1-\frac{d}{x})}}$

optimaler Produktionszyklus t(opt) $= \dfrac{q(opt)}{d}$ bzw. $\sqrt{\dfrac{2*F}{c*d*(1-\frac{d}{x})}}$

Maximaler Bestand $= q * (1 - \frac{d}{x})$

Ablaufplanung (Maschinenbelegung, Tourenplanung etc.):

Benötigte Daten:

j = Index der Aufträge

r_j = Freigabezeitpunkt (Ab wann steht ein Auftrag zur Bearbeitung zur Verfügung?)

d_j = Due Date, Fertigstellungstermin (Bis wann muss der Auftrag fertiggestellt sein?)

C_j = Completion Time, Fertigstellungszeitpunkt (Wann wird der Auftrag tatsächlich fertig?)

F_j = Flow Time, Durchlaufzeit (Dauer zwischen Freigabe r_j und Fertigstellung C_j)
oft auch p_j = processing time
$F_j = C_j - r_j$

T_j = Tardiness, Verspätung (Um welche Zeit verspätet sich der Auftrag in Bezug auf d_j?)
$T_j = \max\{C_j - d_j\;;\;0\}$

E_j = Earliness, Verfrühung (Um welche Zeit wird der Auftrag in Bezug auf d_j früher fertig?)
$E_j = \max\{d_j - C_j\;;\;0\}$

Verfahren der Ablaufplanung (Prioritätsregelverfahren):

FCFS = First come first serve: Aufträge werden in der Reihenfolge des Zugangs bzw. der Liste nach bearbeitet.

SPT = Shortest processing time: Auftrag mit der niedrigsten/kürzesten Durchlaufzeit oder Bearbeitungsdauer F_j wird zuerst bearbeitet, dann der mit der nächstkürzesten usw. (minimiert die mittlere Durchlaufzeit / Fertigstellungszeit!)

EDD = Earliest Due Date: Auftrag mit dem frühesten Fertigstellungstermin d_j wird zuerst bearbeitet, dann der mit dem nächstfrühesten usw. (minimiert die maximale Verspätung! T_{max})

Moore's Algorithmus:

1. Sortierung der Aufträge nach der EDD Regel und Berechnung der Verspätungen T_j
   →Menge A ist jetzt vorläufig erstellt
   →Menge B ist vorerst noch leer

2. Markierung des ersten verspäteten Auftrags aus Menge A. Dieser markiert nun eine Art Grenze. (Falls gar kein verspäteter Auftrag existiert sind wir bereits fertig!
   → dann weiter mit 5.)

3. Auswählen des Auftrags (bis einschließlich zur Grenze des ersten verspäteten Auftrages) mit der längsten Bearbeitungszeit F_j. Dieser wird nun in Menge B verschoben. Hat der erste verspätete Auftrag selbst die längste Bearbeitungszeit so wird dieser selbst verschoben.

4. Jetzt werden erneut die Verspätungen in der Menge A berechnet. → Weiter mit 2.

5. Die optimale Lösung ist nun die Reihenfolge der Menge A (die keine Verspätungen mehr enthält) an die die Aufträge der Menge B in beliebiger Reihenfolge angehängt werden.

→ Der Moore's Algorithmus minimiert die Anzahl der Verspätungen $T_\#$!

$$\text{Mittlere Fertigstellungszeit} = \frac{Summe\ aller\ Fertigstellungszeitpunkte\ Cj}{Anzahl\ der\ Aufträge}$$

Reihenfolgeplanung bei zwei Maschinen:

FCFS = Aufträge werden wieder der Reihe nach erst auf Maschine 1 und dann auf Maschine 2 bearbeitet. Könnte ein Auftrag bereits auf Maschine 2, ist aber auf Maschine 1 noch nicht fertig so entsteht eine ineffiziente Leerlaufzeit auf Maschine 2.

Johnson-Algorithmus:

1. Betrachten der Bearbeitungsdauer der Aufträge auf jeder Maschine.
   → Aufträge mit Bearbeitungsdauer auf M1<= M2 kommen in Menge 1
   → Aufträge mit Bearbeitungsdauer auf M1> M2 kommen in Menge 2

2. Sortieren der Aufträge in jeder Menge
   → Menge 1 wird nach <u>Bearbeitungsdauer auf M1 aufsteigend</u> sortiert
   → Menge 2 wird nach <u>Bearbeitungsdauer auf M2 absteigend</u> sortiert

3. Verkettung/Zusammenfügen
   → Die sortierte Menge 2 wird nun an die sortierte Menge 1 angefügt

→ In der Reihenfolge der erstellten Menge kommt jeder Auftrag nun erst auf Maschine 1 und dann auf Maschine 2

Minimierung der Gesamtbearbeitungszeit bei mehreren Maschinen:

Gesamtbearbeitungszeit eines Auftrags = Summe dessen Bearbeitungszeiten auf jeder Maschine

Größte Restbearbeitungszeit – Regel (GRB-Regel):

1. Gesamtbearbeitungszeiten jedes Auftrages ermitteln
2. Suche nach dem Auftrag mit der größten Restbearbeitungszeit
   → Dieser wird auf die erste Maschine geschickt
   → Nun wird die Teilbearbeitungszeit dieses Auftrages auf der ersten Maschine von dessen Gesamtbearbeitungszeit abgezogen → neue Restbearbeitungszeit dieses Auftrages

3. Nun werden wieder alle Restbearbeitungszeiten verglichen
   → Auftrag mit der größten Restbearbeitungszeit wird wieder auf die erste Maschine geschickt, war er bereits auf dieser, so wird er auf die nächste Maschine geschickt
   → Teilbearbeitungszeit der bearbeitenden Maschine wird wieder von der Gesamtbearbeitungszeit des Auftrags abgezogen → neue Restbearbeitungszeit
4. Dies wird genauso immer weiter wiederholt, bis am Ende jeder Auftrag auf jeder Maschine war und die Restbearbeitungszeit eines jeden Auftrages damit 0 ist.

Tourenplanung:

Sweep-Verfahren:

Gegebene Daten:

Kunden k_i
Bedarfe der Kunden b_i
Ladekapazität Q (beispielsweise eines LKWs)
Transportkostensatz t

Distanzmatrix mit allen Distanzen d_{ij} zwischen den einzelnen Kunden (k_1 bis k_n) und dem eigenen Depot (k_0)

Sweeplinie deren Ausgangslage angegeben sein muss (zum Bsp. auf 3 Uhr oder zwischen k_1 und k_2)

<u>Vorgehen / Berechnung der Touren:</u>

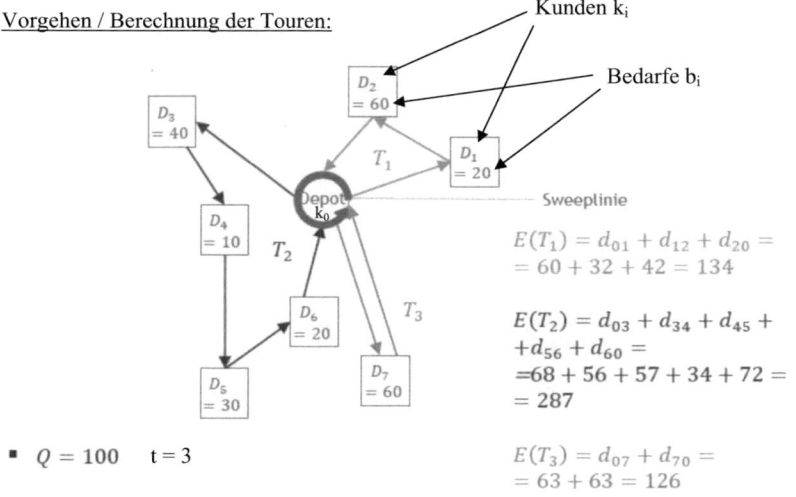

Kunden k_i

Bedarfe b_i

Sweeplinie

$$E(T_1) = d_{01} + d_{12} + d_{20} =$$
$$= 60 + 32 + 42 = 134$$

$$E(T_2) = d_{03} + d_{34} + d_{45} +$$
$$+ d_{56} + d_{60} =$$
$$= 68 + 56 + 57 + 34 + 72 =$$
$$= 287$$

■ $Q = 100$ t = 3

$$E(T_3) = d_{07} + d_{70} =$$
$$= 63 + 63 = 126$$

1. Die Sweeplinie wird von ihrer Ausgangslage aus um das Depot k_0 gegen den Uhrzeigersinn gedreht.
2. Jeder Kunde, den sie dabei tangiert wird in die aktuelle Tour eingeplant und mit seinem Bedarf beliefert.
3. Bevor die kumulierten Bedarfe der bisher tangierten Kunden die Ladekapazität $Q = 100$ übersteigen, muss zum Depot zurückgekehrt werden, da die Ladekapazität natürlich nicht überschritten werden kann.
4. Die Strecke vom Depot zum ersten, von der Sweeplinie tangierten Kunden, dann zum nächsten Kunden usw. bis zur Rückkehr zum Depot (aufgrund der Ladekapazität), stellt dabei die erste Tour T_1 dar. Ihre Länge $E(T_1)$ erhält man durch Addition der in T_1 abgefahrenen Teilstrecken d_{ij} deren Längen man der gegebenen Distanzmatrix entnehmen kann.
5. Anschließend startet die zweite Tour T_2 vom Depot zum nächsten Kunden der von der Sweeplinie gegen den Uhrzeigersinn tangiert wird. Diese geht nun wieder solange weiter zu den nächsten Kunden, bis die Ladekapazität erneut durch die Bedarfe der Kunden erschöpft ist und wieder zum Depot zurückgekehrt werden muss. Damit endet dann die zweite Tour T_2. Ihre Länge $E(T_2)$ berechnet sich wieder über die abgefahrenen Teilstrecken d_{ij}, vom Depot über alle tangierten Kunden und zurück zum Depot.
6. Diese Schritte werden nun solange wiederholt bis alle Kunden bedient wurden. Im obigen Schaubild ist dies nach drei Touren der Fall. Der Tourenplan TP ist damit erstellt.
7. Die Gesamtlänge berechnet sich nun einfach durch Addition der Längen aller Touren $E(T_1) + E(T_2) + E(T_3)$. Im Schaubild 134 LE + 287 LE + 126 LE = <u>547 LE</u>
8. Die Transportkosten TK des gesamten Tourenplanes TP ergeben sich durch Multiplikation der Gesamtlänge mit dem Transportkostensatz t.
   Im Beispiel: TK(TP) = 547 LE * 3 = <u>1641 GE</u>

<u>Savings-Verfahren:</u>

Ein Saving S_{ij} ist die ersparte Wegstrecke, die sich ergibt, wenn man vom Depot zu einem Kunden i und von diesem direkt zum nächsten Kunden j weiterfährt bevor man zum Depot zurückkehrt. Anstatt immer nur zwischen einem Kunden und dem Depot zu pendeln (Pendeltour).

Berechnung eines Savings: $S_{ij} = d_{0i} + d_{0j} - d_{ij}$
Saving von ij = Distanz vom Depot zu Kunde i + Distanz vom Depot zu Kunde j – Distanz zwischen Kunde i und Kunde j

(Die benötigten Distanzen d sind hierbei wieder in einer Distanzmatrix gegeben)

Vorgehen beim Savings-Verfahren:

Ziel ist es das größte Saving S_{ij} zwischen zwei Kunden zu nutzen und daraus eine zusammengelegte Tour anstatt der Pendeltouren zu erstellen. Ist beispielsweise das Saving der Tour zwischen k_2 und k_3 am größten so werden die beiden Pendeltouren T_2 und T_3 zur Tour T_2xT_3 zusammengelegt.

1. Zunächst werden alle Pendeltouren zwischen jedem Kunden und dem Depot berechnet. Diese entsprechen jeweils der doppelten Distanz d_{0i} zwischen Depot und dem jeweiligen Kunden i welche in der Distanzmatrix angegeben ist. (Weg hin und zurück!)

2. Jetzt werden alle möglichen Savings der Touren zwischen den Kunden i und j mit der oben genannten Formel $S_{ij} = d_{0i} + d_{0j} - d_{ij}$ berechnet.

3. Die Tour mit dem größten Saving wird dabei herangezogen um zusammengelegt zu werden. Beim größten Saving zwischen k_2 und k_3 zum Beispiel werden die beiden Pendeltouren T_2 und T_3 zur Tour T_2xT_3 zusammengelegt. Die Länge der zusammengelegten Tour $E(T_2xT_3)$ berechnet sich dabei wie folgt:
$E(T_2) + E(T_3) - S_{2,3}$ → Länge Pendeltour 2 + Länge Pendeltour 3 – Saving von 2 und 3

Achtung: Die Tour kann nur zusammengelegt werden wenn die beiden Bedarfe b_i und b_j zusammen die Ladekapazität Q nicht überschreiten. Hat in unserem Beispiel k_2 einen Bedarf von $b_2 = 50$ und k_3 einen Bedarf von $b_3 = 60$, die Ladekapazität Q wäre aber nur 100, so dürfte man die Tour T_2xT_3 nicht zusammenlegen. In diesem Falle müsste man die Tour mit dem nächstgrößten Saving wählen, bei der diese Restriktion nicht verletzt wird!

4. Nun beginnt man die zusammengelegte Tour noch jeweils mit einer der übrig gebliebenen Pendeltouren zu verknüpfen. (z.B. T_4, T_2xT_3 oder T_2xT_3, T_1). Um die Länge einer dieser verknüpften Touren zu berechnen addiert man einfach die Länge der Pendeltour zur Länge der zusammengelegten Tour hinzu und zieht das Saving (zwischen Pendeltour und dem angeknüpften Glied der zusammengelegten Tour) ab. Hierbei ist die Pendeltour so an die zusammengelegte Tour anzuknüpfen, dass das größere Saving abgezogen wird und die geringere Länge entsteht!

Beispiel:
Pendeltour T_1 soll an die zusammengelegte Tour T_2xT_3 angeknüpft werden.
$E(T_2xT_3) = 30$

14

$E(T_1) = 10$

$S_{1,2} = 5$ $S_{1,3} = 7$ (Diese Savings wurden bereits in Schritt 2. berechnet)

Es gibt nun zwei Möglichkeiten der Verknüpfung: T_1, T_2xT_3 und T_2xT_3, T_1

T_1 kann also einmal vorne und einmal hinten angeknüpft werden.

1. Fall: T_1 wird vorne angeknüpft und somit die Länge $E(T_1, T_2xT_3)$ berechnet:
$E(T_1, T_2xT_3) = E(T_1) + E(T_2xT_3) - S_{1,2} = 10 + 30 - 5 = \underline{35}$

2. Fall: T_1 wird hinten angeknüpft und somit die Länge $E(T_2xT_3, T_1)$ berechnet:
$E(T_2xT_3, T_1) = E(T_1) + E(T_2xT_3) - S_{1,3} = 30 + 10 - 7 = \underline{33}$

→ **Das Saving $S_{1,3}$ ist hier also größer als das Saving $S_{1,2}$. Deshalb ist in diesem Beispiel der 2. Fall zu wählen und T_1 hinten an die zusammengelegte Tour T_2xT_3 anzuknüpfen, um die kürzere Gesamtlänge der verknüpften Tour zu erhalten.**

Achtung: Auch in diesem Schritt dürfen die addierten Bedarfe b der Kunden aus zusammengelegter Tour und angeknüpfter Tour zusammen nicht die Ladekapazität Q überschreiten. Andernfalls darf die Tour nicht angeknüpft werden und es muss nach einer anderen Kombination gesucht werden, welche die Restriktion erfüllt.

5. Hat man in Schritt 4. die Gesamtlänge einer verknüpften Tour berechnet kann man nun noch ganz einfach ihr Saving ausrechnen. Dabei gilt:
Saving der verknüpften Tour = Länge der Pendeltour + Länge der zusammengelegten Tour (in Schritt 3. berechnet) – Gesamtlänge der verknüpften Tour (aus Schritt 4.)

In unserem Beispiel:
$S_{2x3,1} = E(T_1) + E(T_2xT_3) - E(T_2xT_3, T_1)$

→ Weiterhin wird die zusammengelegte Tour mit den übrigen Pendeltouren verknüpft, bis alle Kombinationen erschöpft sind. Die Berechnung der Gesamtlängen und Savings der dabei entstehenden verknüpften Touren erfolgt ebenso analog wie in Schritt 4. und 5. dargestellt.